Den eigenen Namen in verschiedenen Farben und Größen schreiben

Unterschriften sammeln von Mitschülerinnen und Mitschülern

Sammle weitere Unterschriften!

Unterschrift	von

Unterschriften sammeln von Erwachsenen (Eltern, Nachbarn, Lehrerinnen)

Das Labyrinth nachfahren, zusammengehörende Kästchen in gleicher Farbe kennzeichnen

I i

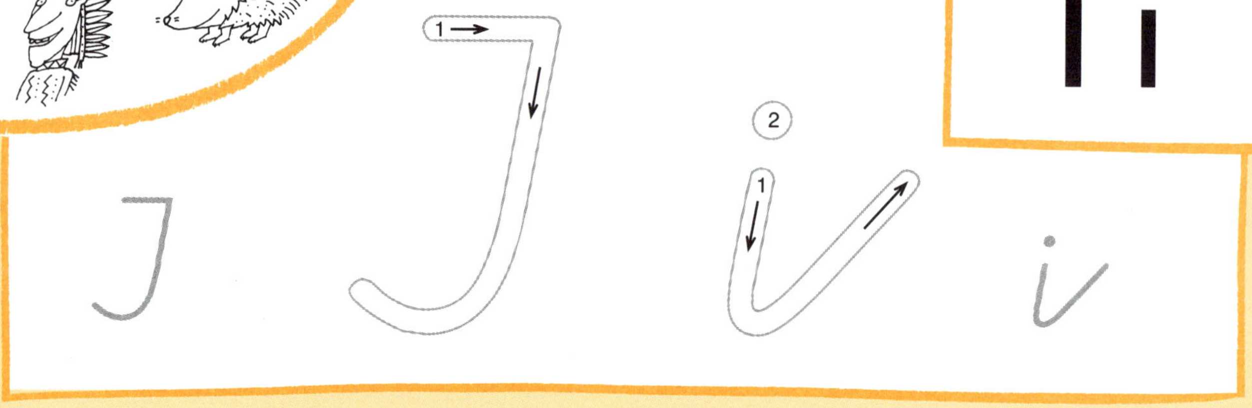

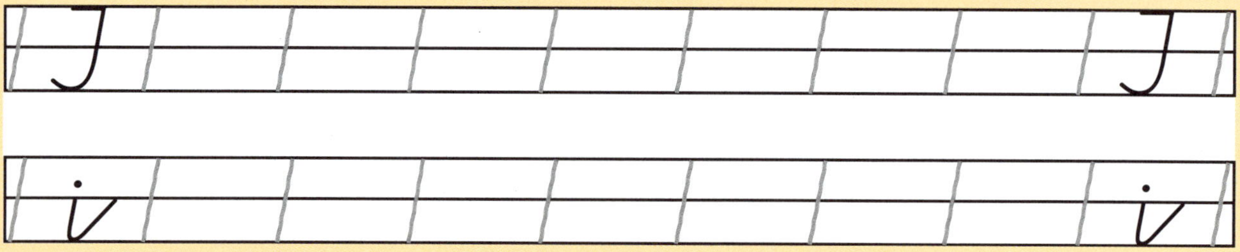

Oo

Mm

5

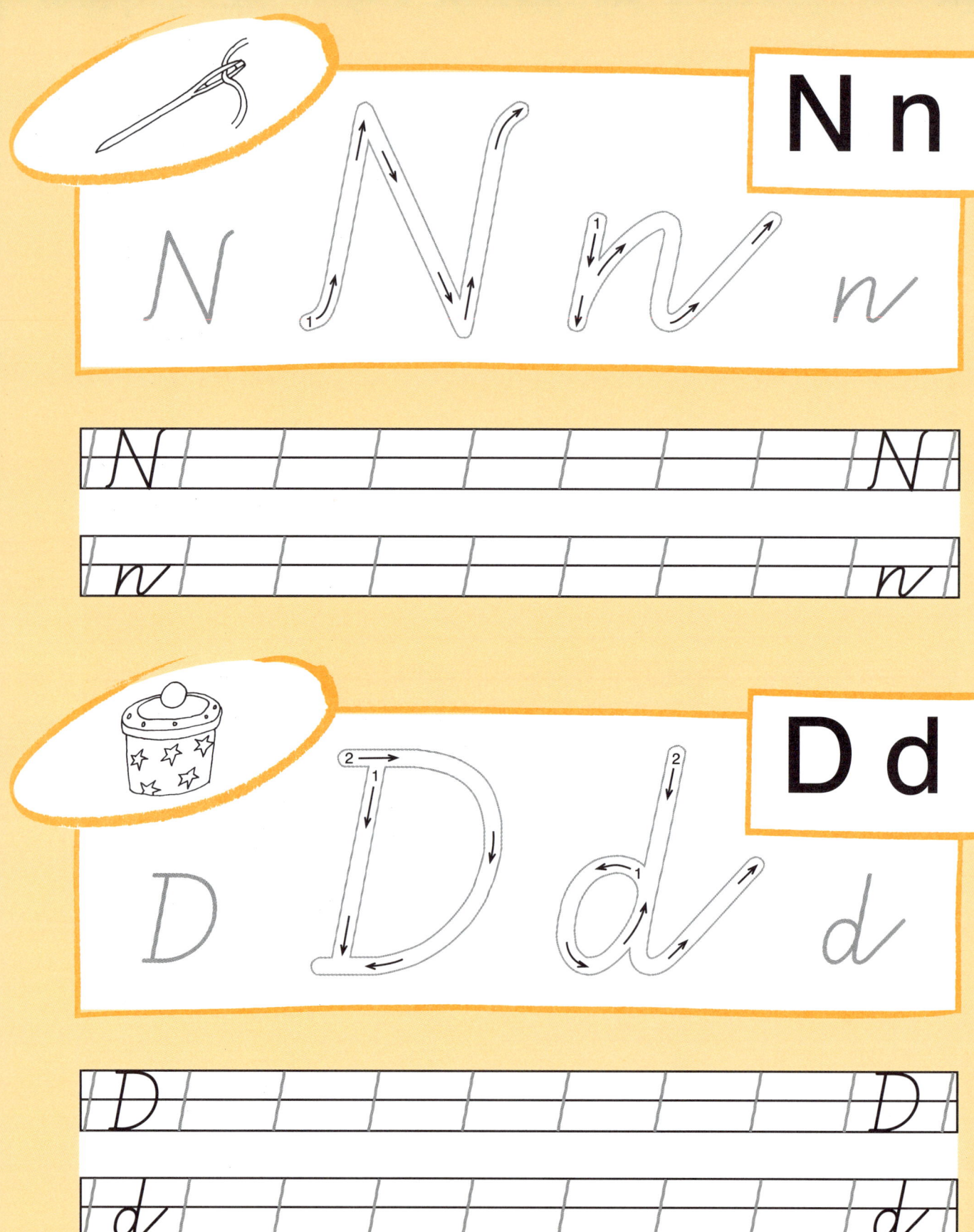

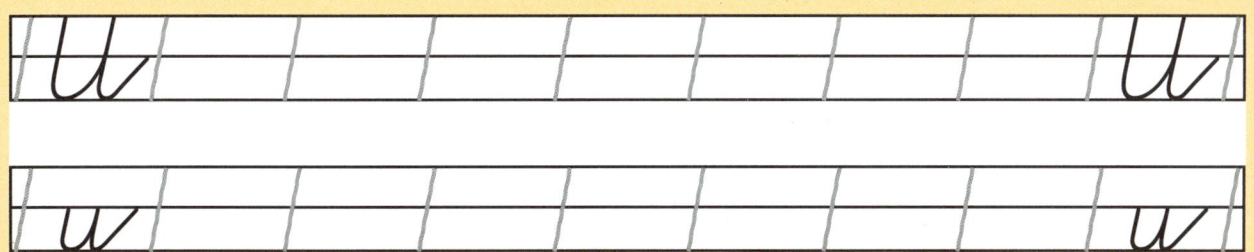

Male aus: $O\ o$ = rot, $J\ i$ = blau, $M\ m$ = gelb, $D\ d$ = grün, $U\ u$ = braun, $N\ n$ = lila

Bild entsprechend den Farbvorgaben ausmalen

im

du

und

So oft wie möglich *Dino* in den Umriss schreiben

Omi

Mund

Mond

Eine Rakete landet auf dem Mond.

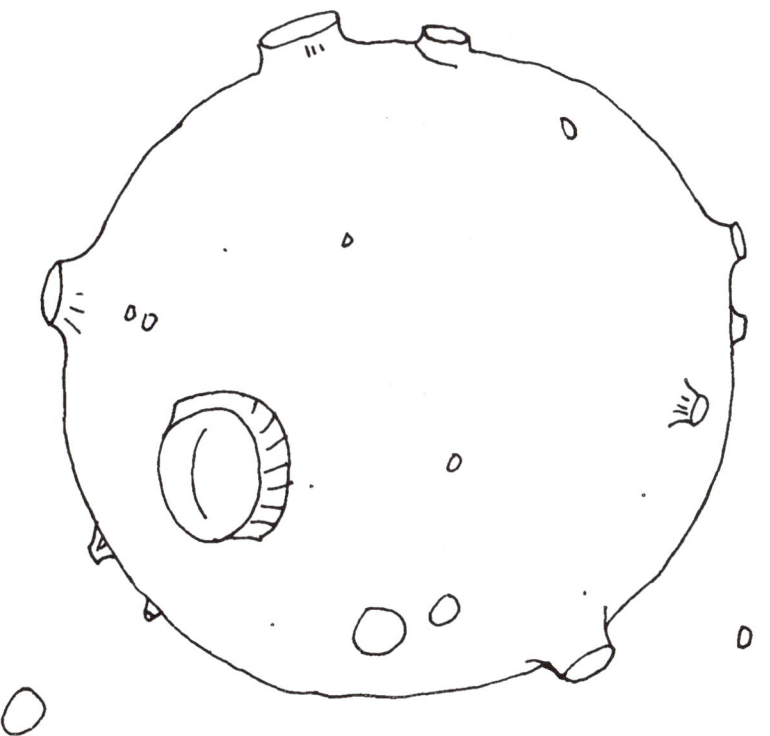

Bild passend zum Text vervollständigen

A a

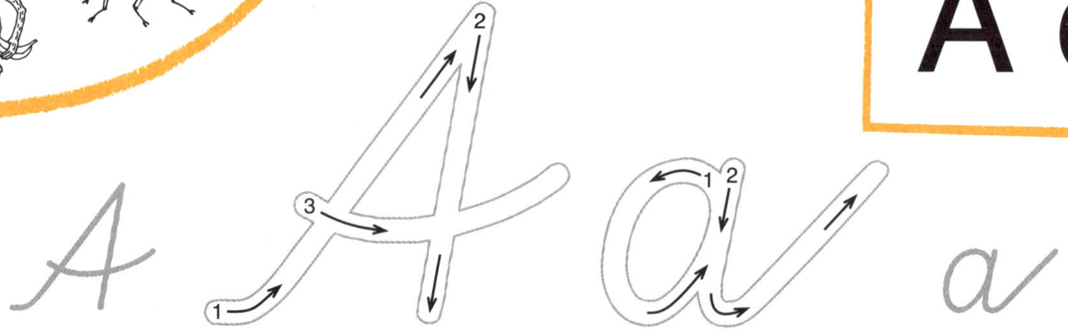

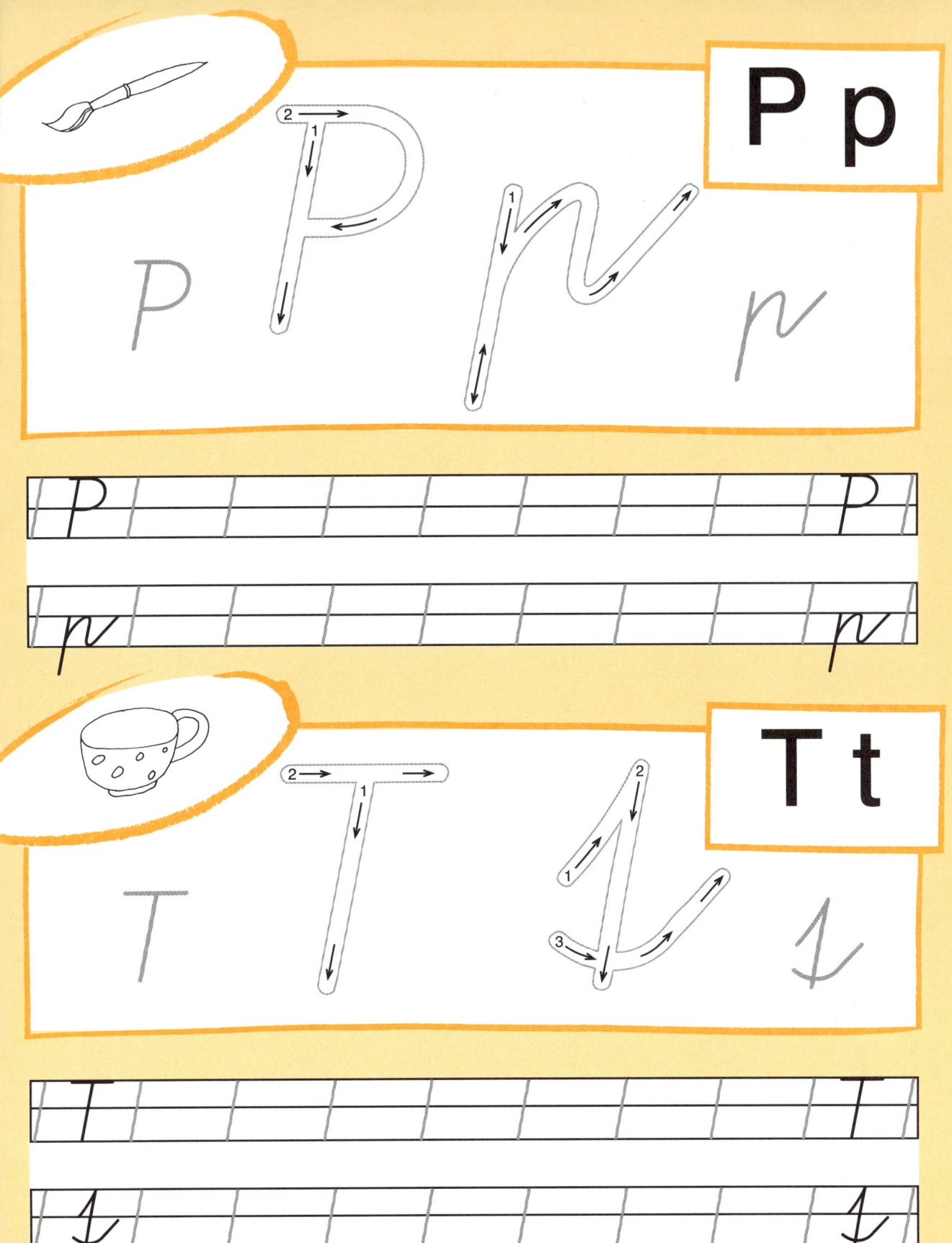

Male aus!

| A und a = grün | T und t = blau | P und p = rot |
| N und n = gelb | D und d = braun | U und u = lila | J und i = orange |

Po

Ton

Auto

Mama

Papa

mit

Nur ein Bild passt zum Wort. Male es aus!

Wort erlesen, das passende Bild ausmalen

R r

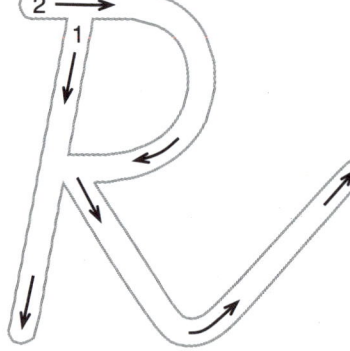
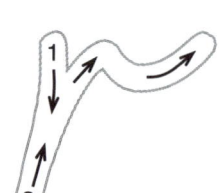

R r | R r

r | r

Rad

rot

Radio

rund

Pirat

Arm

*Tor

Male weiter!

Auf dem Blatt ist eine Raupe.

Eine Schnecke frisst den Salat.

Ein Frosch springt in den Teich.

Ein Schmetterling sitzt auf der Blume.

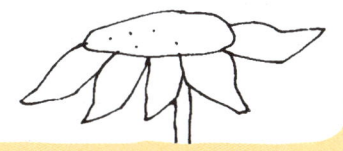

Bilder passend zu den Sätzen ergänzen

E e

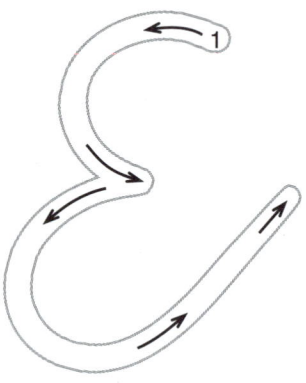

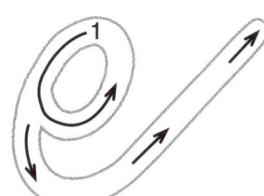

Ente

Ende

Tee

Name

Puppe

Rennen

Ein Wort passt nicht in die Reihe.
Das ist das schwarze Schaf!

Auto	Flasche	Fahrrad	Roller	Bus
Tisch	Stuhl	Sofa	Regal	Bagger
Oma	Opa	Mama	Papa	Stein
Tafel	Heft	Kreide	Buch	Wolke
Apfel	Banane	Kiwi	Indianer	Ananas

Ein Wort gehört nicht in die Reihe, mit einem „Schaf" kennzeichnen

L l

L   L

l   l

Lama

laut

Lampe

malen

Pilot

toll

*Lotti

Was gehört wem?

S s

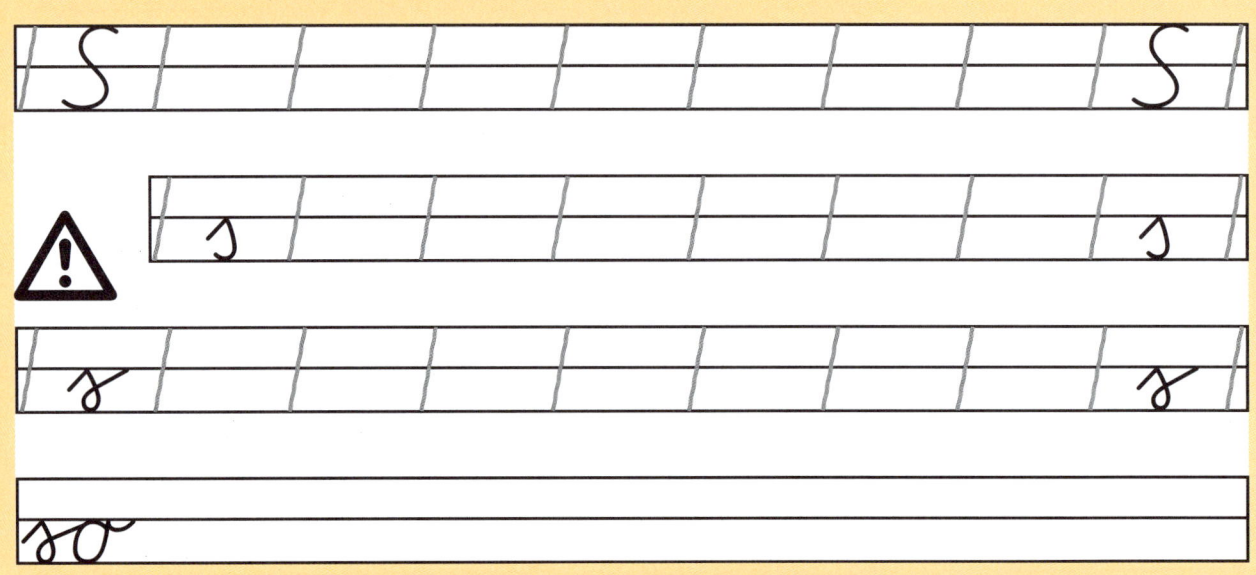

Seite

ist

Rose

Nuss

Eis

H h

Hase

Hallo

Haus

holen

Uhr

Sahne

* Hund

Wer ist im Haus? Male!

Haus
Haus
Haus Haus
Haus Haus Haus
Haus Haus Haus Haus
Haus Haus Haus Haus
Haus Haus Hund Haus
Haus Haus Haus Haus
Haus Haus Haus Haus

Im Haus ist ein Wort versteckt Wort suchen und malen

C c

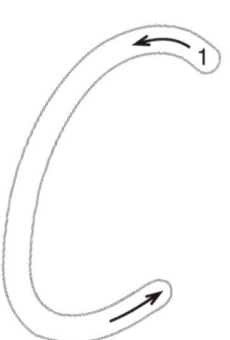
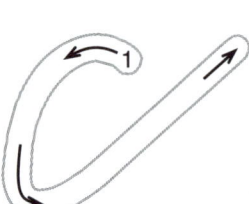

Computer

Comic

Creme

*Cola

Herausfinden, welches Bildelement nicht als Wort vorhanden ist, und in das leere Kästchen schreiben

G g

Glas

gut

Geld

Geist

gehen

Spagetti

*Auge

Igel
Igel
Igel

F f

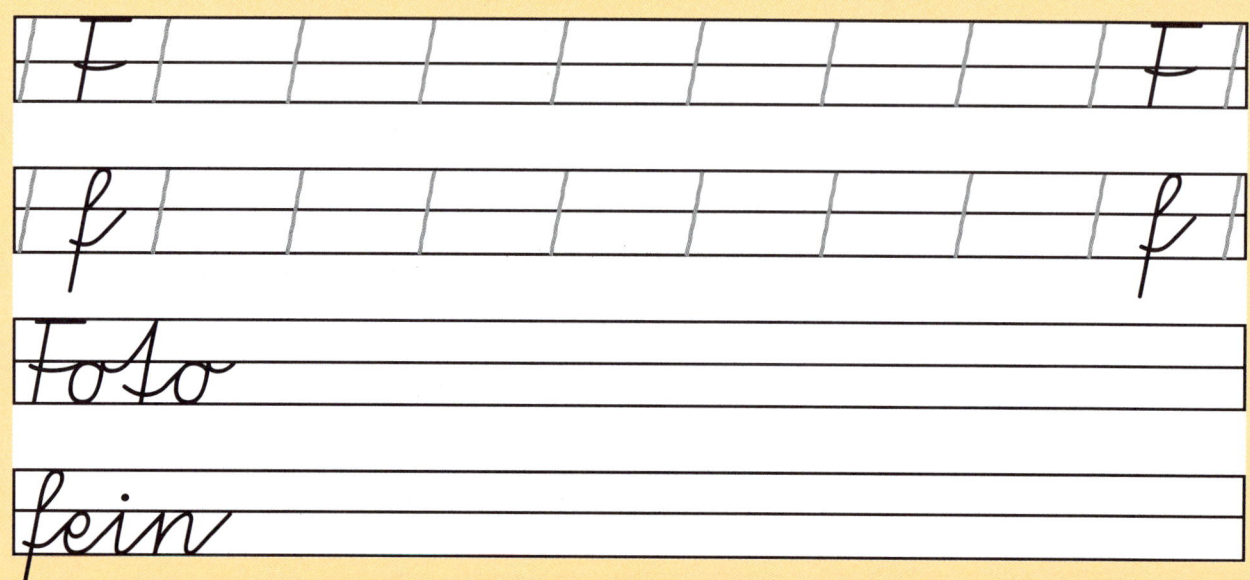

Foto

fein

Fisch

oft

Affe

Fee

Floh

Was ist das?

Feder, Elefant, Tiger, Affe, Sofa, Leiter

Z z tz

Zoo

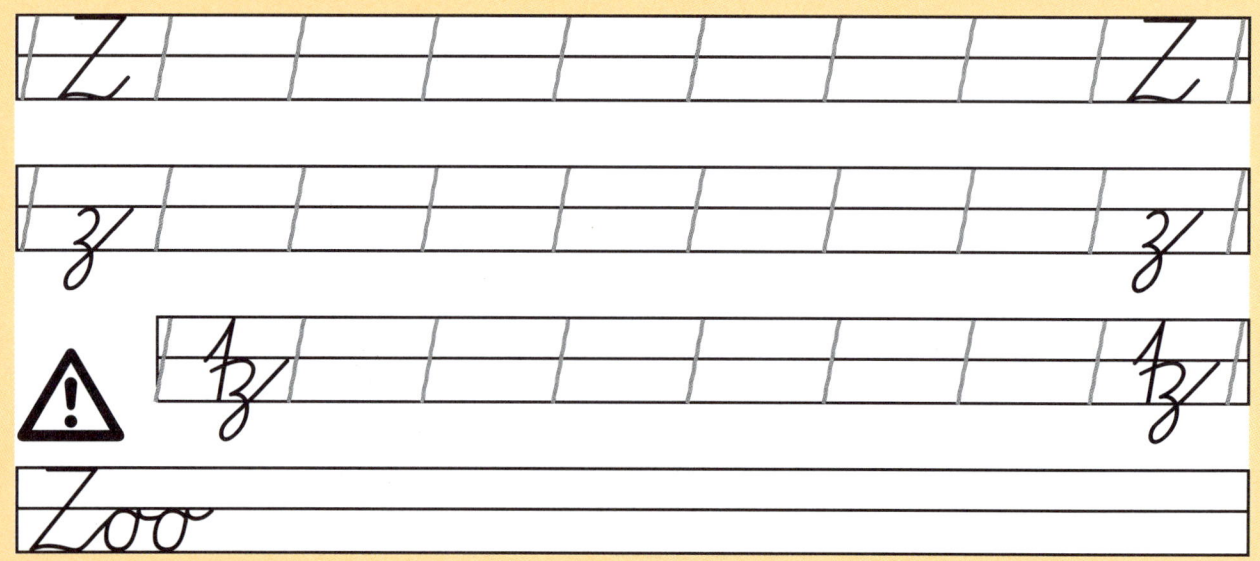

zum

Zug

Zahn

zehn

Katze

Schatz

Hummel Schwan

Frosch

Storch

Fisch

Schmetterling

Vogel

Maus Libelle Igel Vogel

Eines der Tiere kommt nicht als Wort vor, suchen und aufschreiben

B b

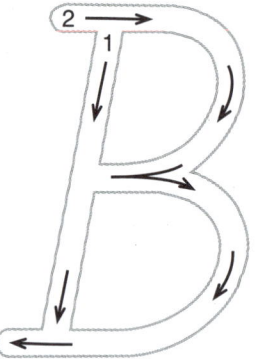
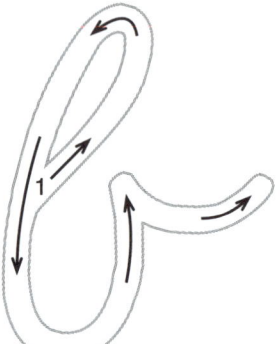

B

b

Ball

blau

Baum

Buch

bunt

Biber

*gelb

Ein Wort passt nicht in die Reihe.
Das ist das schwarze Schaf!

Rose	Schiff	Tulpe	Nelke	Sonnenblume
Bein	Nase	Ball	Bauch	Hand
Salami	Käse	Brot	Nudeln	Schraube
Tee	Puppe	Saft	Limo	Cola
Nebel	Hammer	Zange	Säge	Bohrer

Ww

W

w

Wal

wo

Wind

Zwerg

wer

wie

* **was**

Was versteckt sich im Wasser?   Was versteckst du im Wasser?

Wasser Wasser Wasser Wasser
Wasser Wasser Wasser Wasser
Wasser Wasser Wasser Fisch Wasser
Wasser Wasser Wasser Wasser
Wasser Wasser Wasser Wasser
Wasser Wasser Wasser Wasser
Wasser Wasser Wasser Wasser
Wasser Wasser Wasser Wasser

Äpfel

Rätsel

* Bär

Öl

Löwe

* schön

Ü ü

ü Ü ü ü

Übung

über

* Tür

Wer bin ich?

Bär   Igel   Eidechse   Löwe   Frosch

Ich habe viele Stacheln: _____

Ich bin der König der Tiere: _____

Mein Rüssel ist lang: _____

Ich mag Honig: _____

Mein Hals ist sehr lang: _____

Maus   Fliege   Giraffe   Nashorn   Delfin   Elefant   Zebra   Käfer   Ente

Text erlesen und Lösungswort aufschreiben

K k

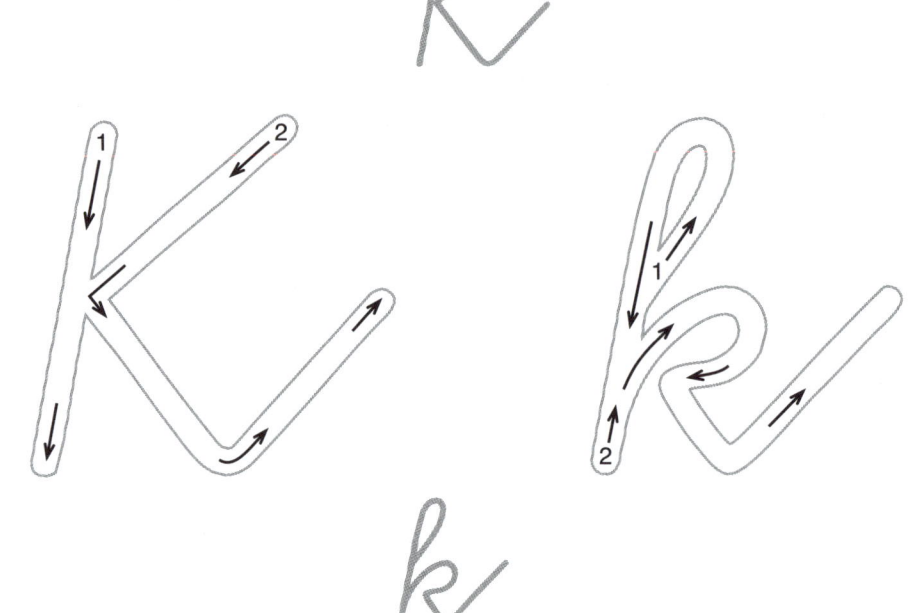

K
K k
k

K   K

k   k

Käse

klein

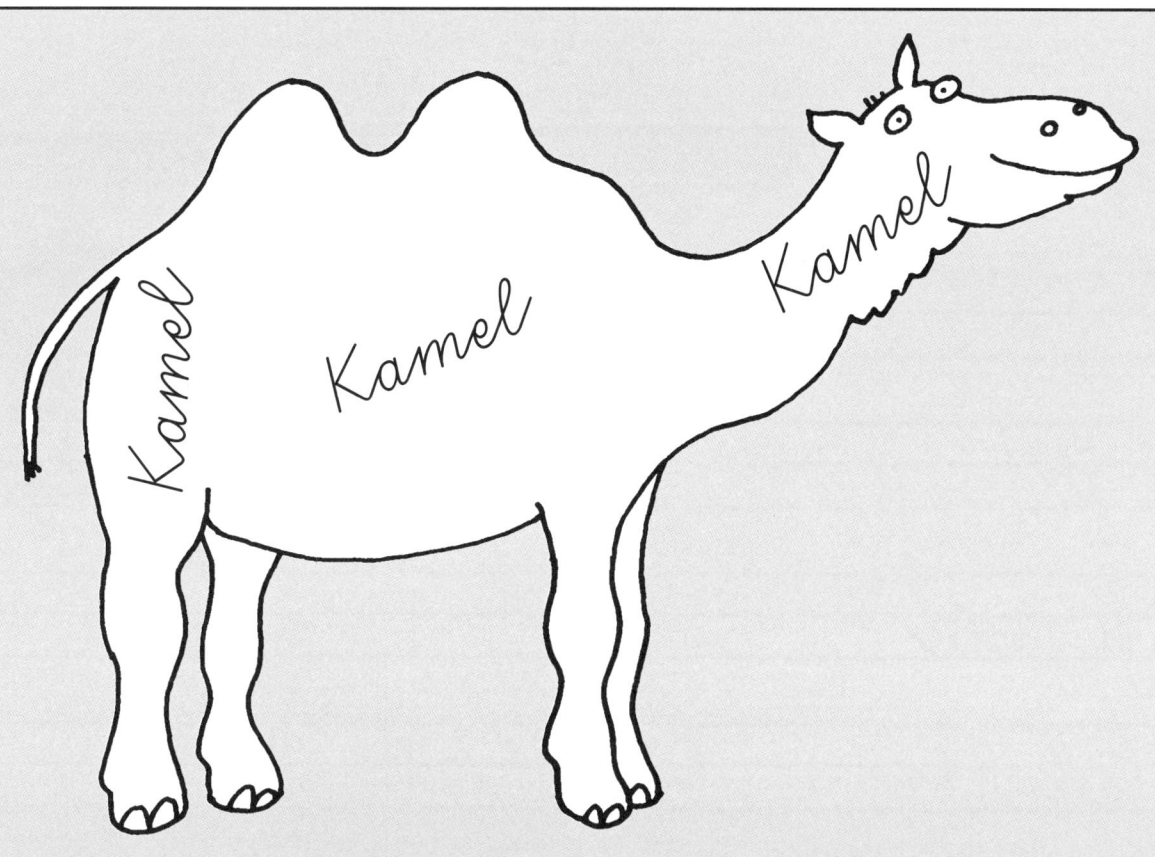

Kind

kaufen

Bank

Paket

*Keks

Kamel Kamel Kamel

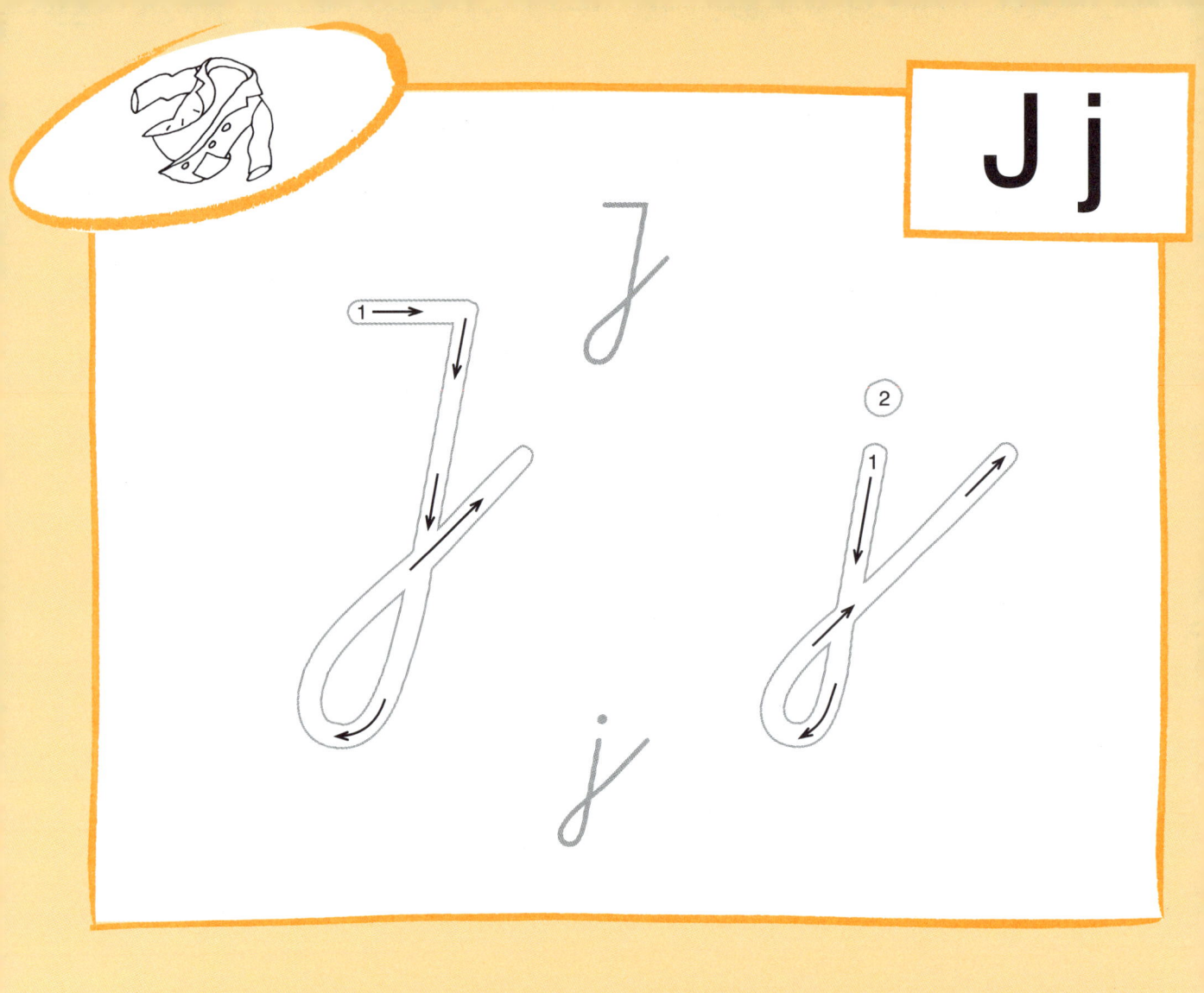

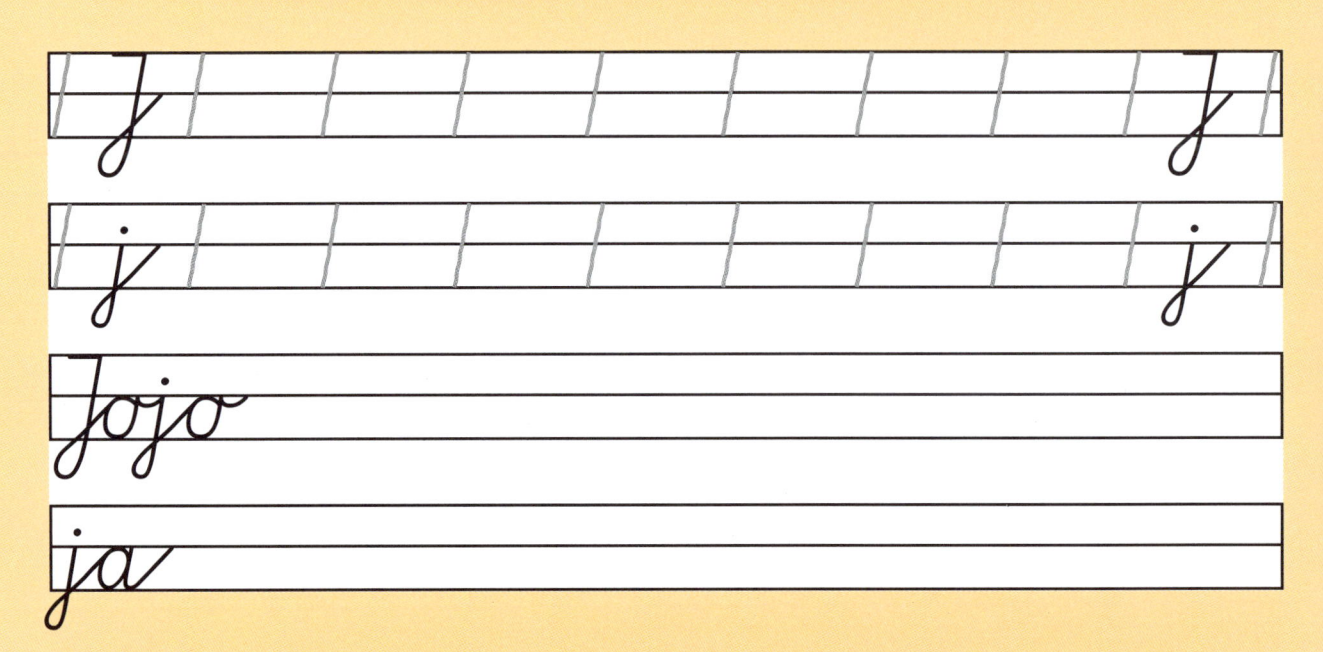

J j

Jojo
ja

Junge

Majonäse

jubeln

jetzt

*jeder

Ja oder nein?

| Kamele können fliegen. | Im Winter ist es kalt. | Der Jaguar lebt im Wasser. |
| Eine Woche hat zehn Tage. | Die Sonne hat neun Planeten. | Die Milch kommt von der Kuh. |

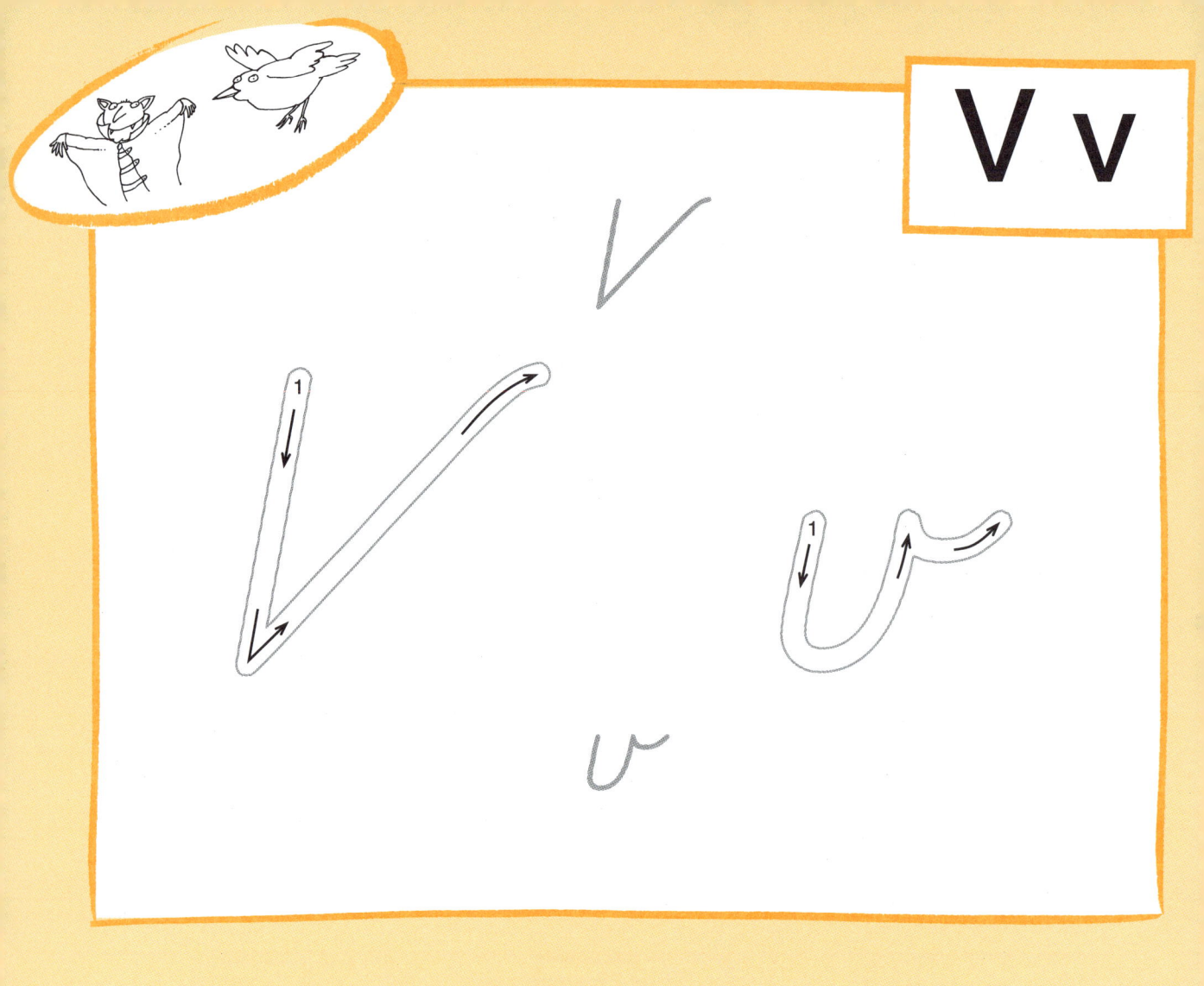

V v

Vogel

viele

Vater

vier

von

Klavier

*voll

Was ist das?

Vampir, Klavier, Jaguar, Würfel, Zange, Heft

Qu qu

Qu qu

Qu qu

Qu — Qu

qu — qu

Qualle

quer

Quatsch

Quelle

quaken

bequem

*Quarkspeise

Was ist in der Quarkspeise?   Was ist in deiner Quarkspeise?

Quarkspeise Quarkspeise Quarkspeise
Quarkspeise Quarkspeise Himbeeren
Quarkspeise Quarkspeise Quarkspeise
Quarkspeise Erdbeeren Quarkspeise
Quarkspeise Rosinen
Quarkspeise

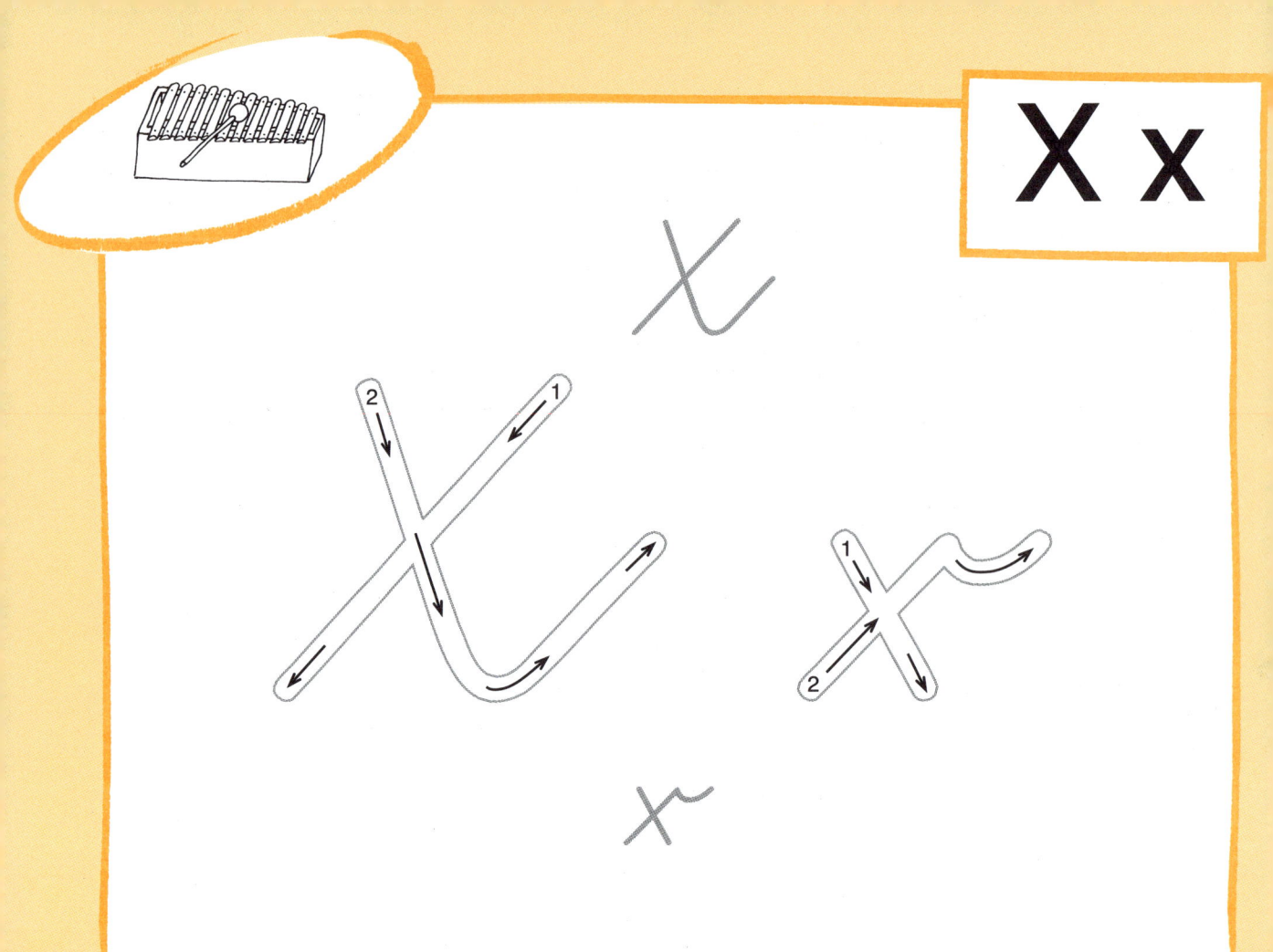

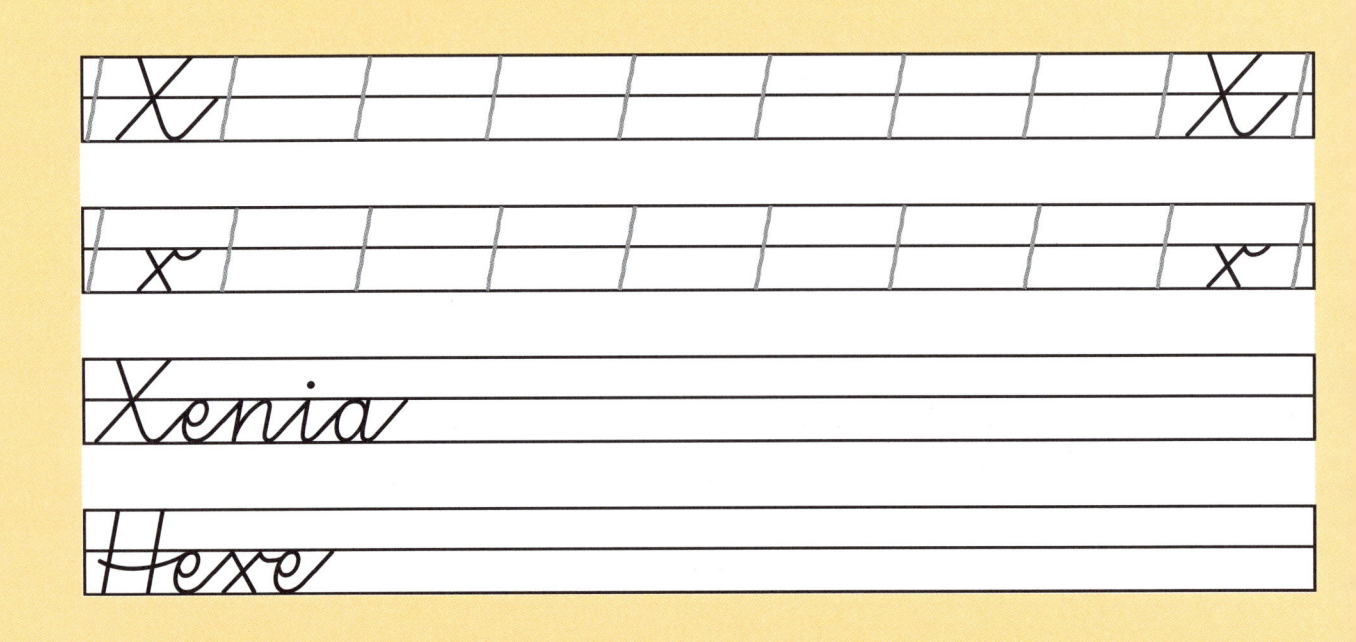

X x

Xenia

Hexe

Taxi

Nixe

Boxer

fix

*extra

Suche Wörter mit x und male die Bilder aus!

Y y

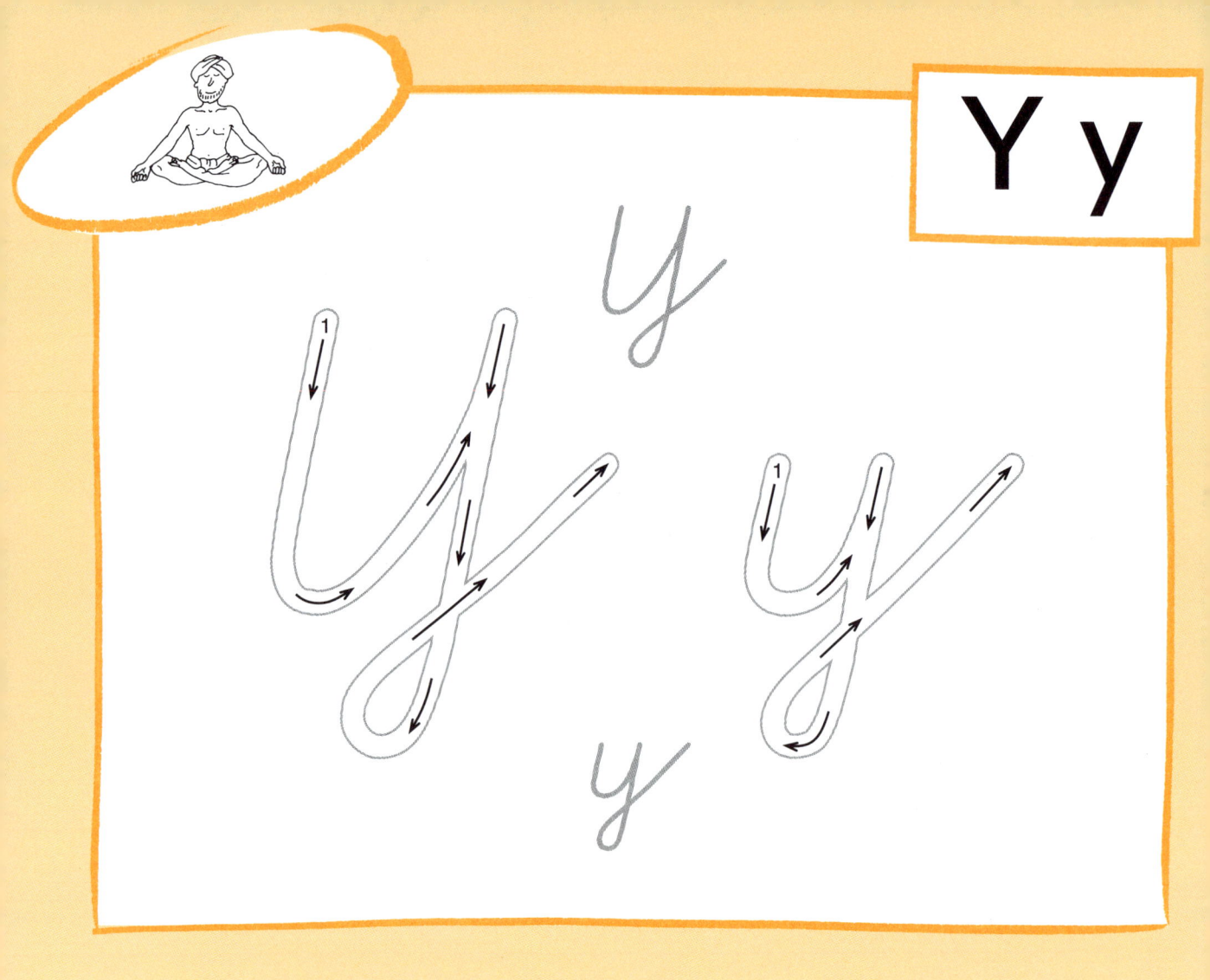

𝒴 𝓎

Yoga

Pony

Yacht

Teddy

Zylinder

*Baby

Wer bin ich?

Qualle Buch Vogel

Ich kann noch nicht laufen: _____
Ich habe ein weiches Fell: _____
Ich bin ein kleines Pferd: _____
Ich fliege durch die Luft: _____
Ich habe viele Seiten: _____
Ich lebe im Meer: _____

Pony Baby Teddy

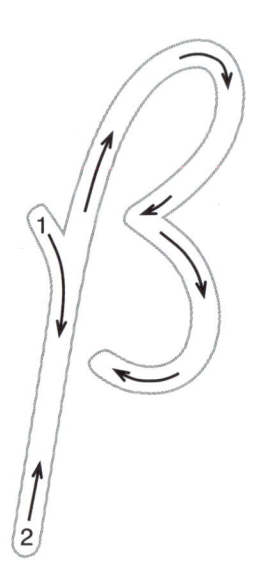

ß

heiß

heißen

Soße

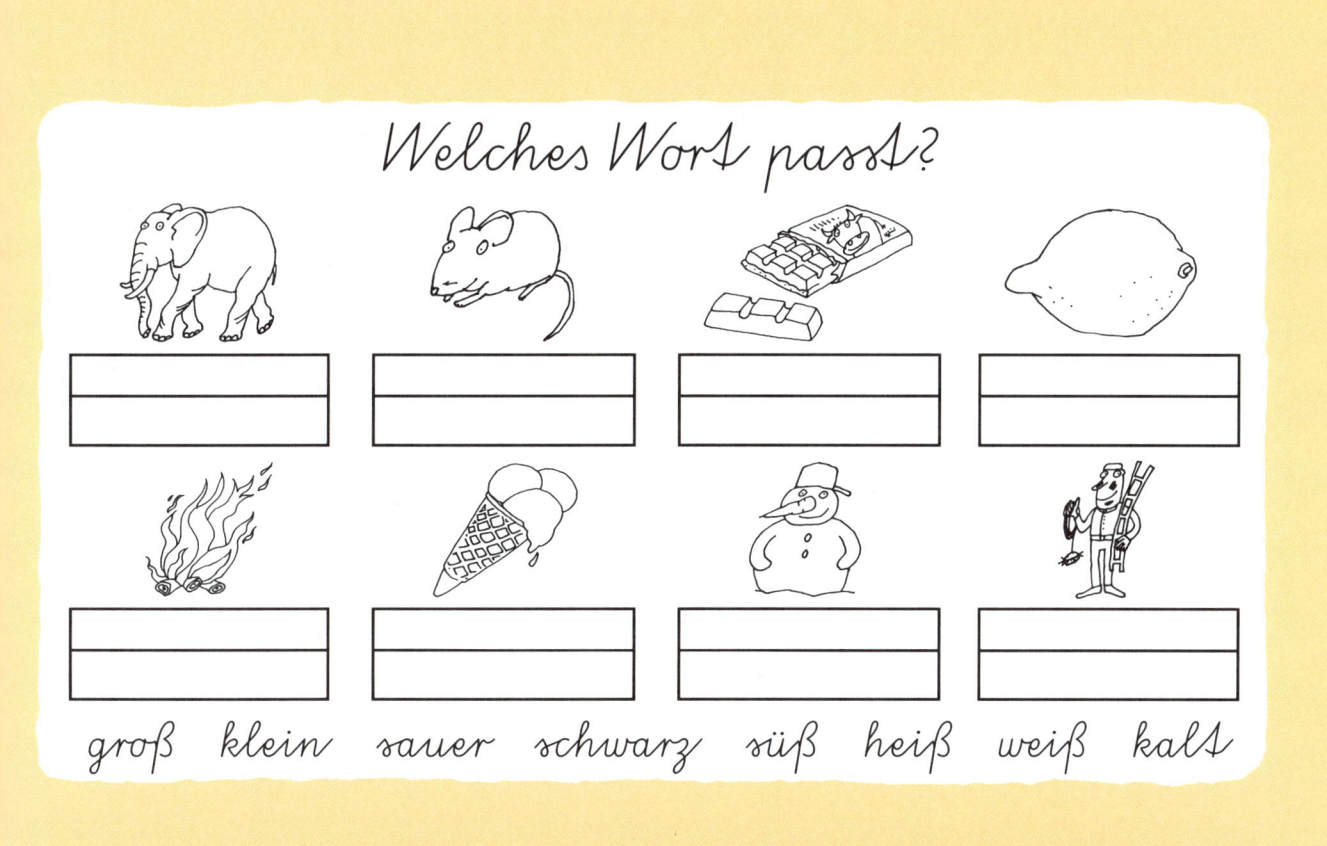

Straße

Fußball

süß

groß

Welches Wort passt?

groß   klein   sauer   schwarz   süß   heiß   weiß   kalt

Kennst du das ABC in Schreibschrift?

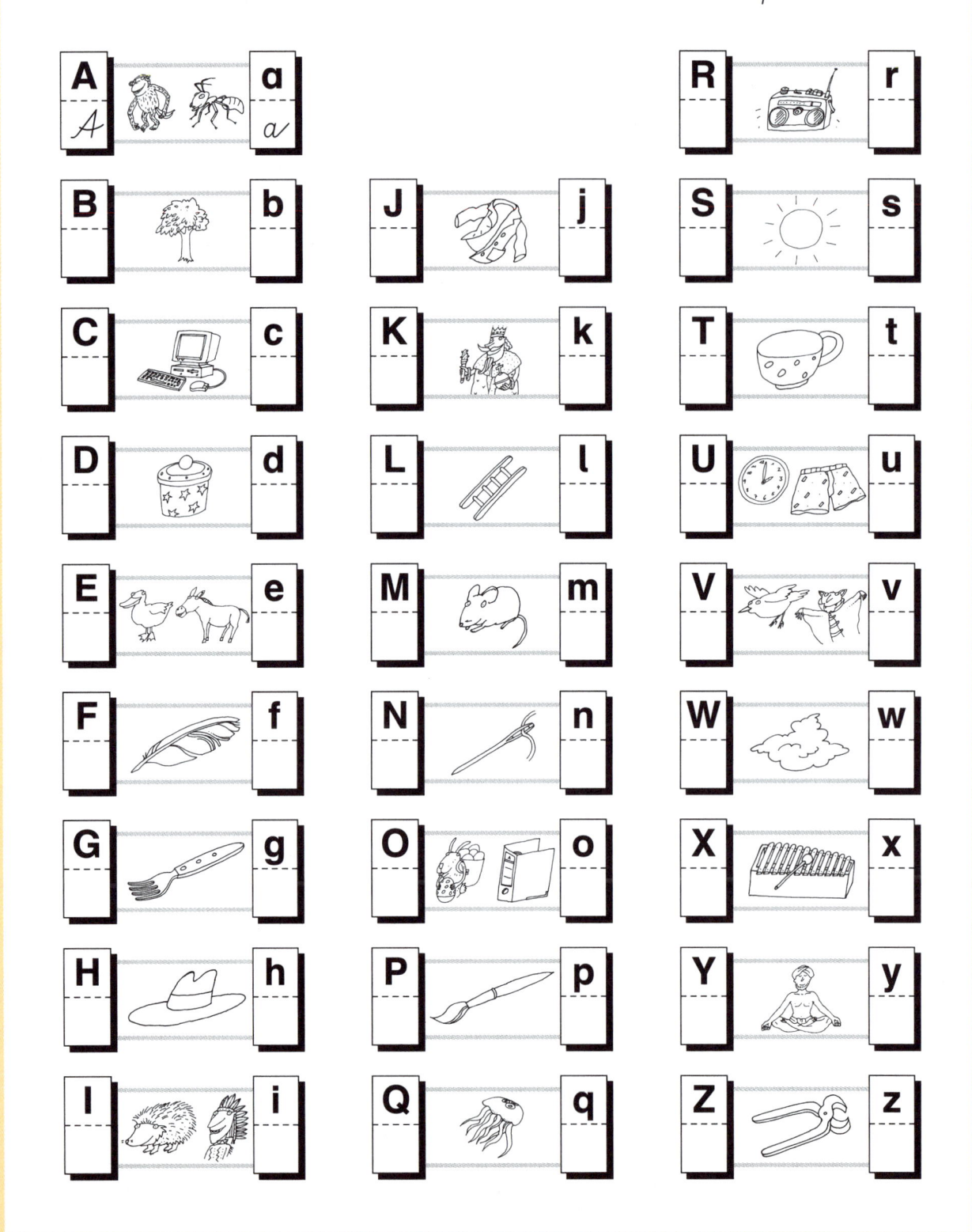

A	a			R	r
B	b	J	j	S	s
C	c	K	k	T	t
D	d	L	l	U	u
E	e	M	m	V	v
F	f	N	n	W	w
G	g	O	o	X	x
H	h	P	p	Y	y
I	i	Q	q	Z	z

Unter die Druckbuchstaben die Buchstaben in Schreibschrift schreiben

52

Ich kann superlange Wörter schreiben!

Fußballweltmeisterschaft
Vollmilchschokolade
Lokomotivführer
Kindergeburtstagsparty
Sahnequarknachspeise
Fernsehspielfilm

Lange Wörter auswählen und aufschreiben

Ich kann Fremdwörter schreiben!

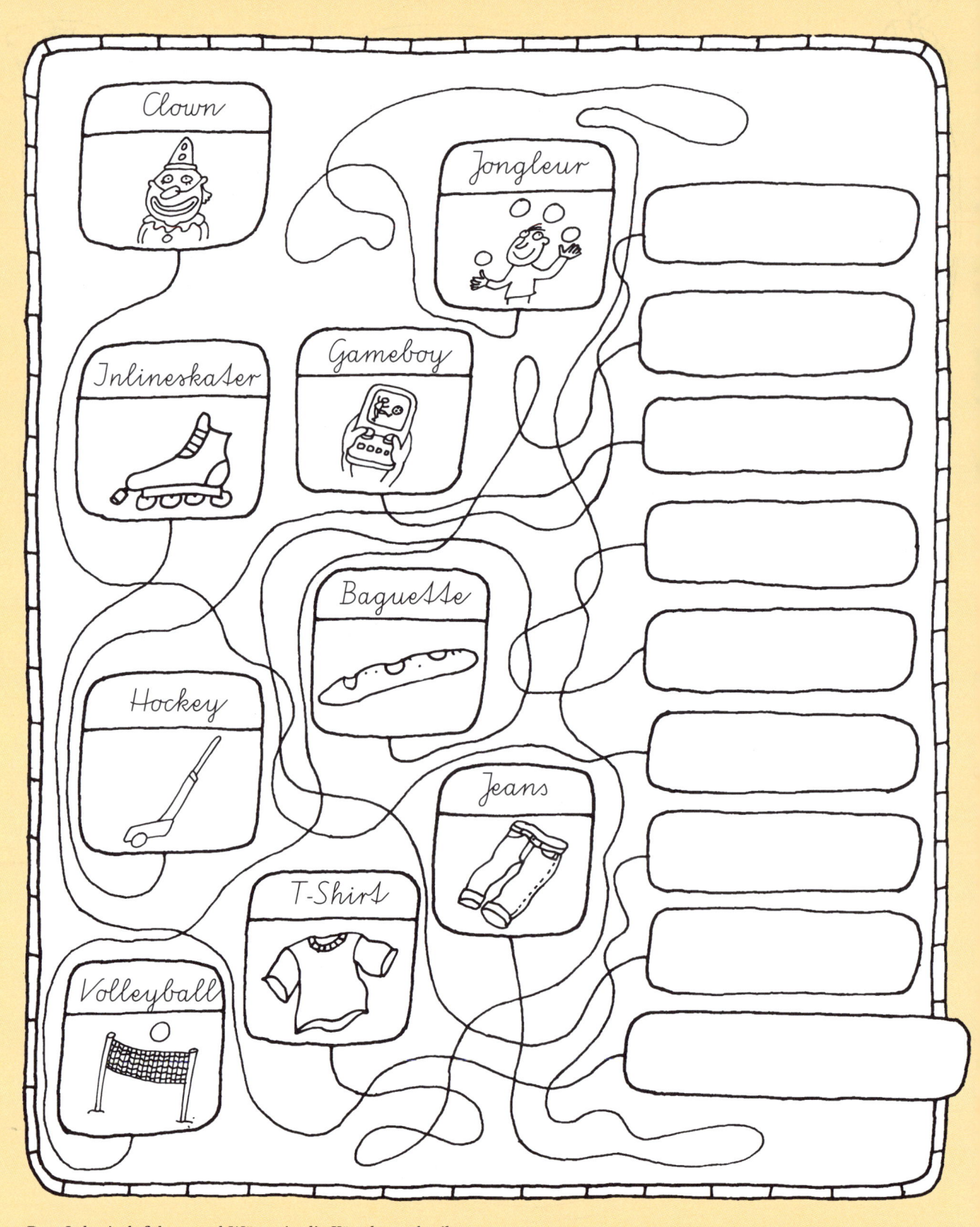

Clown
Jongleur
Inlineskater
Gameboy
Baguette
Hockey
Jeans
T-Shirt
Volleyball

Dem Labyrinth folgen und Wörter in die Kästchen schreiben

Meine Lieblingswörter

Wörter nach eigener Wahl aufschreiben

Namen und Adressen

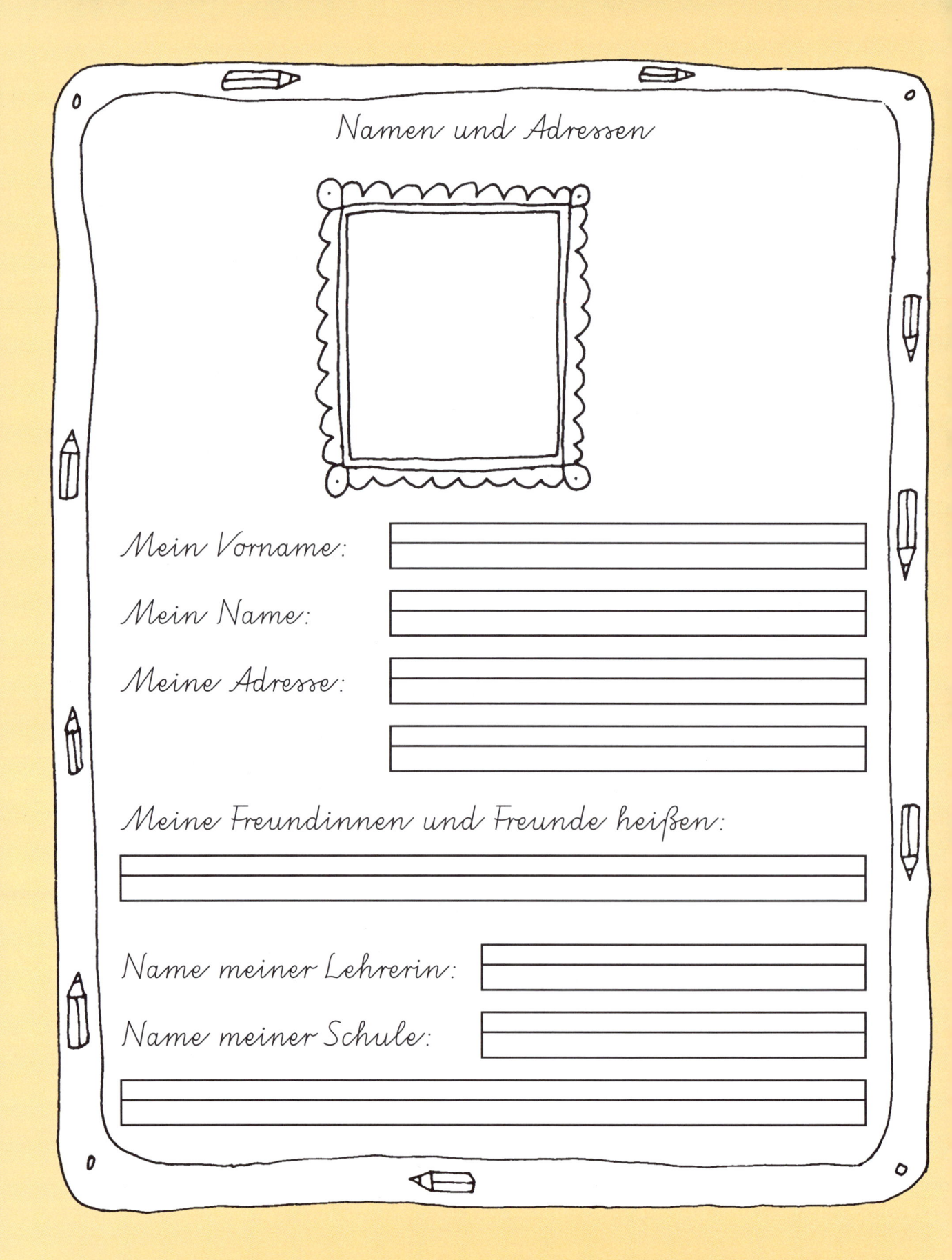

Mein Vorname:

Mein Name:

Meine Adresse:

Meine Freundinnen und Freunde heißen:

Name meiner Lehrerin:

Name meiner Schule:

Das mache ich gern:

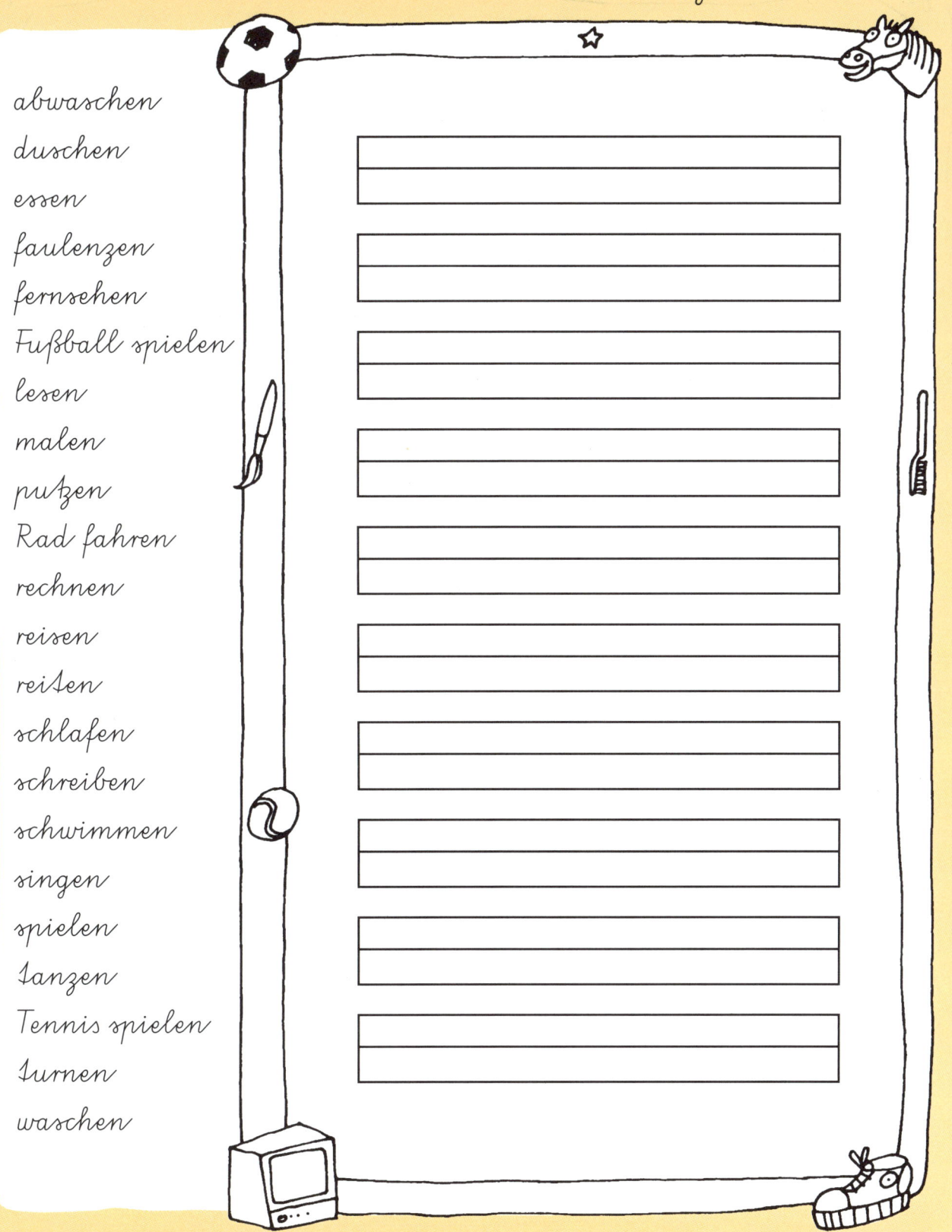

- abwaschen
- duschen
- essen
- faulenzen
- fernsehen
- Fußball spielen
- lesen
- malen
- putzen
- Rad fahren
- rechnen
- reisen
- reiten
- schlafen
- schreiben
- schwimmen
- singen
- spielen
- tanzen
- Tennis spielen
- turnen
- waschen

Das esse ich gern:

Blutwurst
Eis
Fischstäbchen
Hamburger
Honig
Käse
Kartoffeln
Ketschup
Kuchen
Marmelade
Müsli
Nudeln
Obst
Pizza
Pommes
Reis
Salami
Schnitzel
Spagetti
Speck
Spinat
Torte

Tiere, die ich mag:

Affe

Elefant

Giraffe

Hase

Pinguin

Papagei

Löwe

Eichhörnchen

Kasten zum Malen oder Schreiben

Tierisch gute Reime

Die Eule, die Eule
hat eine dicke Beule.

Umsetzen von Druckschrift in Schreibschrift

Die Ratte, die Ratte,
die sonnt sich auf der Matte.

Der Löwe, der Löwe
macht Fotos von der Möwe.

Der Wal, der Wal
trägt sonntags einen Schal.

Der Hase, der Hase,
der popelt in der Nase.

Das Lamm, das Lamm
kauft einen neuen Kamm.

Das Schwein, das Schwein
tanzt oft auf einem Bein.

Diese Reime kannst du in ein anderes Heft schreiben.

Der Fisch, der Fisch
rennt um den Tisch.

Die Grille, die Grille
hat eine neue Brille.

Die Maus, die Maus
baut sich ein kleines Haus.

Der Wurm, der Wurm
wohnt oben auf dem Turm.

Der Schwan, der Schwan
macht einen Ausflug auf den Kran.

Die Kuh, die Kuh
will einen roten Schuh.

Platz für eigene Ideen

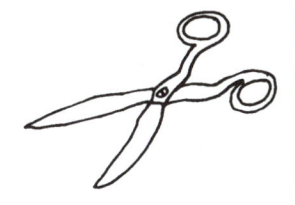

Für eigene Ideen: zum Einkleben, Malen, Schreiben

Platz für eigene Ideen

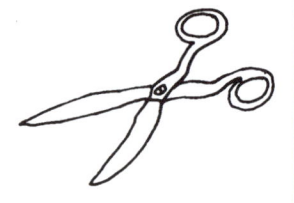

Für eigene Ideen: zum Einkleben, Malen, Schreiben

Kannst du das ABC in Schreibschrift?

A a

Affe
am
Anna
Arm
Auge
Auto

Ä ä

Äpfel

B b

Baby
Ball
Bank
Bär
Baum

bequem
Biber
blau
Boxer
Buch
bunt

C c

Cola
Comic
Computer
Creme

D d

Dino
du

E e

Eis
Elefant
Ende
Ente
extra

F f

Feder
Fee
fein
Fisch
fix
Floh
Foto
Fuß
Fußball

Kannst du das ABC in Schreibschrift?

G g

gehen
Geist
gelb
Geld
Giraffe
Glas
groß
gut

H h

hallo
Hase
Haus
heiß
heißen
Hexe

holen
Hund

I i

Igel
im
ist

J j

ja
jeder
jetzt
Jojo
jubeln
Junge

K k

kalt
Kamel
Käse
kaufen
Katze
Keks
Kind
Klavier
klein
Koch

L l

Lama
Lampe
laut
Lolli

Kannst du das ABC in Schreibschrift?

Löwe

M m

malen
Mama
Mond
Mund

N n

Name
nett
Nixe
Nuss

O o

oft
Omi

Opa

Ö ö

Öl

P p

Paket
Papa
Pilot
Pirat
Po
Puppe
Pony

Q q

quaken
Qualle

Quarkspeise
Quatsch
Quelle
quer

R r

Rad
Radio
Rätsel
Raupen
Rennen
Rose
rot
rund

S s

Sahne

Kannst du das ABC in Schreibschrift?

Schatz	Tor	**W w**
schön	Tür	Wal
See	**U u**	was
Seite		wer
selten	und	wie
so	**Ü ü**	Wind
Sofa		wo
Soße	über	**X x**
Straße	Übung	
süß	**V v**	Xenia
T t		**Y y**
Tante	Vater	
Taxi	viele	Yacht
Teddy	vier	Yoga
Tee	Vogel	
toll	voll	
	von	

Kannst du das ABC in Schreibschrift?

Z z

zehn — Zug
Zahn — Zeit — zum
Zange — Zoo — Zylinder

Übersicht Schreibschrift-Lehrgang

A = A	a = a	N = N	n = n
B = B	b = b	O = O	o = o
C = C	c = c	P = P	p = p
D = D	d = d	Q = Q	q = q
E = E	e = e	R = R	r = r
F = F	f = f	S = S	s = s
G = G	g = g	T = T	t = t
H = H	h = h	U = U	u = u
I = J	i = i	V = V	v = v
J = J	j = j	W = W	w = w
K = K	k = k	X = X	x = x
L = L	l = l	Y = Y	y = y
M = M	m = m	Z = Z	z = z